1995

Gwen Strauss & Anthony Browne

LE COUCAN DE NUIT

Traduit de l'anglais par Elisabeth Duval

Titre de l'ouvrage original : THE NIGHT SHIMMY
Editeur original : Julia MacRae Books, a division of Random Century Ltd.

Loi n° 49.956 du 16 juillet 1949 sur les publications
destinées à la jeunesse : septembre 1991
Dépôt légal : septembre 1991
Imprimé à Hong Kong
ISBN 2-87767-056-2

Diffusion l'école des loisirs

Gwen Strauss & Anthony Browne

LE COUCAN DE NUIT

kaléidoscope

Eric n'aimait pas parler.
Les autres enfants ne comprenaient pas pourquoi.
Ils l'appelaient "Stupide Eric".
Ils le taquinaient avec des questions idiotes :
« Qu'est-ce qui ne va pas? As-tu donné ta langue au chat ?
Les grandes personnes lui demandaient s'il était timide.
Mais Eric ne répondait pas.

Il n'aimait tout simplement pas parler.

Et de toute façon, il n'avait pas besoin de parler
parce que son ami secret, le Coucan de nuit, parlait à sa place.
Le Coucan de nuit expliquait pourquoi Eric ne pouvait pas manger
ses petits pois ou pourquoi il n'avait pas besoin de prendre un bain.

Le Coucan de nuit choisissait toujours les meilleures histoires
à lire avant qu'Eric s'endorme.
Et si Eric faisait des cauchemars remplis de lézards aux langues
dardantes, le Coucan de nuit les chassait.

Quand le père d'Eric demandait :
« Que prendras-tu pour ton petit déjeuner ? » le Coucan de nuit
répondait : « Des flocons d'avoine, s'il te plaît,
avec beaucoup de lait et de miel. »
Exactement comme Eric les aimait.

Le Coucan de nuit savait se rendre invisible, pouvait voir la nuit,
et parler la langue des Coucans que seuls Eric et le Coucan de nu
comprenaient. Le Coucan de nuit était aussi un espion
de grand talent. Il pouvait entendre le plus petit bruit ...
un craquement dans l'escalier ...

... ou le claquement d'un cerf-volant dans le ciel.
Marcia jouait dans le parc.
Elle les surprit en train d'espionner.
Marcia ne se demanda pas pourquoi Eric était silencieux.
Elle ne lui posa pas de questions idiotes,
elle n'essaya pas de le faire parler,
elle ne l'appela pas "Stupide Eric".
Et même le Coucan de nuit n'eut pas besoin de parler.

Marcia et Eric grimpèrent dans le pommier et
se balancèrent comme des singes.
Eric fit des bruits de gorille.

Ils firent voler le perroquet de Marcia.
Celui-ci flotta dans le ciel jusqu'à ce que le ciel perde ses couleurs.
Puis Marcia dit au revoir, et Eric courut jusque chez lui.

Il mangea ses petits pois, prit un bain et alla se coucher.
Cette nuit-là, il n'eut pas de cauchemars remplis de lézard

Quand il se réveilla, le Coucan de nuit n'était plus là.
Eric chercha sous les couvertures, dans les tiroirs,
dans les armoires, et dans toutes les cachettes secrètes.
Sa mère demanda : « Que se passe-t-il, mon chéri ?
Pourquoi t'énerves-tu ? »
Mais Eric ne répondit pas.
Sous le lit, il murmura :
« Coucan de nuit, es-tu là ? »

Eric resta dans son lit
jusqu'à ce que son père l'appelle pour la troisième fois.
Toute la journée, il fut de mauvaise humeur

Marcia frappa à la porte d'entrée. Il l'entendit demander :
« Est-ce qu'Eric veut bien jouer avec moi ? »

Eric s'enferma dans sa chambre en claquant la porte :
« Dites-lui de PARTIR ! »

Eric se mit à la fenêtre. Il regarda Marcia qui essayait de lancer son cerf-volant. Le cerf-volant grimpa très légèrement, mais quand le vent tomba, il dégringola et s'accrocha aux branches d'un arbre.
Alors Eric comprit ce qu'il lui restait à faire. Il sortit et respira profondément.
« Je peux te ramener ton cerf-volant », dit-il à Marcia.

Il grimpa tout en haut de l'arbre et décrocha le cerf-volant.

Ils commencèrent à parler.
Eric se rendit compte qu'il avait beaucoup de choses à dire.

Quand une brise se leva, ils jouèrent au cerf-volant
jusqu'à ce que les premières étoiles apparaissent. Ils firent des vœux
qu'ils gardèrent secrets. Puis Eric dit « Bonne nuit. »

Et le Coucan de nuit les salua de la main.